VIE

DE

SAINT MAURANT

PATRON DE DOUAI

(ET DE MARGIVAL, PRÈS SOISSONS)

Extraite des Bollandistes

PAR

M. L'ABBÉ GOBAILLE

Chanoine de Soissons et Vicaire général honoraire.

SAINT-QUENTIN.

TYPOGRAPHIE ET LITHOGRAPHIE DE J. MOUREAU,

PLACE DE L'HÔTEL-DE-VILLE.

1860.

VIE

DE

SAINT MAURANT.

Saint Maurant (ou Mauront *Maurontus*) naquit dans la Flandre française vers l'an 634, probablement à Merville (¹), sur la rivière de la Lys, autrefois diocèse de Thérouane, aux confins de la Flandre et de l'Artois, entre Aire et Armentières (²).

Il eut pour père le bienheureux Adalbaud, duc de Douai, petit-fils de Clotaire, roi de France, seigneur riche et puissant, mais plus illustre encore par ses vertus que par ses richesses, et qui mérita que l'Église honorât sa mémoire le second jour de

---

(1) Meurivilla.

(2) « Merville est aujourd'hui une petite ville ouverte du Nord, dans les environs de laquelle se trouvait l'abbaye de Breuil, complètement détruite, ainsi que l'abbaye de Marchiennes. »

(Lettre de M. l'abbé Brunet, vicaire à Douai.)

février (¹); et pour mère sainte Rictrude, née à Toulouse, en Aquitaine, de sang royal comme son noble époux (²).

Il eut l'honneur d'être baptisé par un saint, nommé Riquier, si célèbre lui-même par son zèle apostolique, par sa vie pénitente, et surtout par la fondation de la fameuse abbaye qui porte son nom, près d'Abbeville, dans le Ponthieu, aujourd'hui département de la Somme.

Saint Maurant était l'aîné de quatre enfants. Clotsende, Eusébie et Adalsende qui sont également honorées d'un culte public par l'Église, savoir : la bienheureuse Clotsende, abbesse de Marchiennes après sainte Rictrude, sa mère, le 30 juin; sainte Eusébie, abbesse de Hamage, le 16 mars; et la bienheureuse Adalsende, religieuse sous sainte Eusébie, le 24 décembre. C'était donc toute une famille de saints.

Les enfants, après Dieu, durent leur sainteté aux soins de leurs pieux parents, mais surtout aux leçons, aux larmes, aux prières, aux jeûnes et aux aumônes de leur sainte mère. Que ne peut une éducation solidement chrétienne pour l'innocence et le bonheur des enfants !

Il reste peu de souvenirs de l'enfance de saint Maurant. Voici seulement un trait, dans lequel ceux

---

(1) Adabaldus nomine, natalibus ortus præclaris et justis; mater enim ejus Gerberta fuerat filia sanctæ Geretrurdis, in monasterio nunc Hammatico dicto, à se ædificato, requiescentis. Ipse copiosis pollebat fundis et divitiis, atque in aulâ regis carus valdè erat et honorabilis... quia regiâ stirpe progenitus, regis nepos. (Boll. 12 mai, p. 83 et 89.)

(2) Beatæ Rictrudis in Wasconiâ, ex Tolosanâ urbe, et ex regali prosapià ortæ. (Boll. 12 mai, p. 89.)

qui ne croient point au hasard, ne manqueront pas de voir une providence particulière de la part de Dieu.

Nous venons de dire qu'il avait reçu le baptême des mains de saint Riquier. Or, il arriva qu'un jour ce vénérable et saint prêtre, autant pour le profit de son âme que pour les consolations de l'amitié, vint faire visite à la bienheureuse Rictrude. Après les entretiens de piété, dont ils avaient nourri leurs âmes comme d'un pain délicieux et tout céleste, l'homme de Dieu, déjà remonté sur son cheval, se disposait à partir. De son côté, la bienheureuse servante du Seigneur, par honneur et par amitié, comme il se pratique d'ordinaire, s'était avancée de quelques pas hors de la maison; elle portait entre ses bras son petit Maurant, et priait saint Riquier de donner à son filleul sa bénédiction paternelle. L'homme de Dieu, sans descendre de cheval, prend l'enfant entre ses bras, soit pour le baiser, soit en effet pour le bénir. Mais, voici tout à coup, dit celui qui raconte le fait, que l'ennemi de tout bien, dans sa rage jalouse, inspire à l'animal une sorte de furie qui ne lui était nullement ordinaire. Il s'agitait à la manière d'un démoniaque, grinçait des dents, ruait avec force et courait çà et là avec une étrange impétuosité. Saint Riquier se voyait en grand danger de périr; mais il craignait surtout pour l'enfant; la pauvre mère ne craignait pas moins. Elle ne savait plus comment faire. Déjà presque défaillante, comme si elle eût vu de ses yeux la mort, le bras levé contre des objets si chers, elle détournait son visage tout baigné de larmes, pour n'être pas témoin de leur chute lamentable. Toute la maison était accourue au bruit du péril. Cependant le serviteur de Dieu, qui tenait toujours l'enfant, adresse une prière au

Seigneur. A peine l'a-t-il achevée, que voilà l'enfant à terre, sans aucun mal, comme un petit oiseau qui s'abat en volant; et le cheval, de son côté, a repris sa première douceur, comme un paisible agneau. La mère, de saisir avec joie son cher enfant, et de le presser tendrement sur son cœur. L'enfant souriait à sa mère, et aux plus vives angoisses succédait partout l'ivresse du bonheur. On ne peut douter qu'un si heureux dénouement ne fût dû aux mérites de ces deux saintes âmes Et comme souvent, par la toute puissante bonté de Dieu, les efforts de l'enfer pour perdre les justes ne font que contribuer davantage à leur progrès dans la vertu, ainsi arriva-t-il que cette épreuve ne fit qu'ajouter à la perfection de saint Riquier. Car faisant réflexion que le Seigneur son Dieu, lorsqu'il vint pour racheter le monde, voulant nous donner un exemple d'humilité, avait paru monté, non sur un cheval superbement enharnaché, mais sur une simple ânesse que lui avaient disposée ses apôtres, lui-même, dans la suite, toutes les fois qu'il y avait nécessité pressante de voyager, à l'exemple de son divin Maître, ne voulut jamais avoir d'autre monture.

Sa première éducation terminée, le jeune Maurant fut envoyé à la Cour de France, sous le roi Clovis II et la reine sainte Bathilde. Il y demeura plusieurs années, et, en considération de ses vertus et de son mérite, autant que de sa naissance et de sa noblesse, le roi l'honora du titre de secrétaire et de chancelier du royaume.

Ce fut dans cet intervalle qu'il eut la douleur de perdre son bienheureux père, cruellement assassiné par des scélérats, dans un voyage que celui-ci fit de Flandre en Gascogne, pour y voir les parents et les biens de sainte Rictrude, son épouse. On dit que le motif de cet assassinat fut la haine qu'on lui portait à cause de la sainteté de son alliance (¹).

Sainte Rictrude, après la mort de son mari, résolut de consacrer à Dieu sa viduité. Ayant refusé des secondes noces, que le roi Clovis II lui proposait avec un des plus grands seigneurs de sa Cour, elle tourna toutes ses pensées et toutes ses affections vers le Ciel ; et, par le conseil de saint Amand, auparavant évêque de Maëstricht, elle quitta entièrement le monde, prit le voile et se retira dans l'abbaye de Marchiennes (²), dont elle devint abbesse quelques années plus tard, et qu'elle édifia autant qu'elle l'illustra par quarante années des plus austères pénitences et des plus solides vertus. Elle-même, avec le bienheureux Adalbaud, avait donné à saint Amand cette terre de Marchiennes, pour y fonder une abbaye d'hommes, qui prit le nom d'Elnone (³). C'est depuis, qu'en ayant augmenté les bâtiments et les ayant séparés de ceux des religieux, elle y établit une communauté de femmes, sous le nom d'Abbaye de Marchiennes. Au nombre des religieuses furent d'abord ses trois filles, dont il a été parlé plus haut.

Cependant le jeune Maurant était retourné dans son pays pour un mariage qu'il se proposait de contracter. Déjà il en avait arrêté toutes les conditions, et même célébré les fiançailles, lorsque, touché des exhortations de saint Amand, il se dé-

(1) Quibus, ut fertur, sanctum displicuerat matrimonium.

(2) Cette abbaye était située sur les bords de la Scarpe, entre Douai et Saint-Amand. Marchiana seu Martiana in Gallo Flandrià ad Scarpum fluvium, inter Duacum et Amandopolim. (Boll.)

(3) C'est saint Amand qui bâtit aussi le monastère de Barizis, au diocèse de Laon, vers l'an 670. (Voir Histoire du diocèse de Laon, par D. Lelong, page 85).

goûta lui-même entièrement du monde et résolut de se consacrer pleinement à Dieu dans l'état de virginité. Il est à croire que la mort de son bienheureux père, le souvenir de ses grandes vertus, l'exemple de sa sainte mère et de ses trois sœurs, joint à leurs ferventes prières, ne contribuèrent pas peu à cette généreuse détermination, en lui faisant mieux sentir toute la frivolité des biens d'ici-bas, et tout le bonheur qu'il y a de se donner à Dieu sans réserve.

Il communiqua donc à sa sainte mère le désir qu'il avait de renoncer pour toujours au mariage. Celle-ci craignit d'abord que Maurant ne voulut prendre le parti du célibat, que pour se livrer à la débauche avec plus de liberté, comme font tant d'infortunés jeunes gens qui se précipitent ainsi aveuglément dans les abîmes éternels. Dans cette pensée elle fait prier saint Amand, ce charitable médecin des âmes, de la venir trouver et lui confie ses vives inquiétudes de mère sur le salut de son fils. Il ne fut pas difficile à saint Amand de la consoler et de rendre la paix à son cœur affligé.

Peu après, comme ce saint évêque célébrait solennellement la messe en présence du jeune Maurant, il arriva qu'une abeille voltigeant fit trois fois le tour de la tête de celui-ci. Saint Amand qui avait remarqué cette circonstance, inspiré d'y voir un présage du Ciel, fait appeler le jeune Maurantet l'exhorte à exécuter au plus tôt le dessein qu'il avait conçu, et qu'une révélation secrète venait de lui faire connaître comme agréée d'en haut.

Saint Maurant ne différa plus davantage. Quoique né d'un sang royal et l'un des plus grands princes de la Cour, il a compris que ce n'est point là qu'est le vrai bonheur. Il préfère la pauvreté et l'humble vertu des serviteurs de Dieu à la pourpre et à toute l'opulence du palais des rois. Il renonce donc au monde; et désormais on le verra servir Dieu dans les veilles et la prière, sans que les attraits du siècle puissent jamais le détourner de son premier dessein.

Il commence par se remettre entre les mains de saint Amand et s'abandonne pleinement à sa direction. Ce saint pontife, selon les règles de l'Église, le bénit et lui donne la tonsure cléricale en forme de couronne. Il lui apprend en même temps la signification mystérieuse de cette sainte cérémonie. La tonsure, lui dit-il, en mettant à nu le haut de la tête, nous rappelle que rien n'est caché aux yeux du Seigneur, pas même les pensées les plus intimes; et par le retranchement des cheveux, souvent renouvelé ensuite, elle nous apprend qu'il faut retrancher de même sans relâche les désirs superflus et criminels. Cette forme de couronne, ajoute-t-il, nous exprime et la tiare du Souverain prêtre et le diadême du Grand Roi; elle nous dit que nous appartenons désormais à un sacerdoce royal, et qu'après les combats et les épreuves de cette vie, endurés avec patience, Dieu réserve dans l'autre, à ceux qui l'aiment, une couronne de gloire immortelle et infinie... Ces leçons symboliques recueillies de la bouche du saint Évêque et de la sainte Écriture elle-même, le bienheureux Maurant les grava profondément dans sa mémoire et travailla surtout avec un soin extrême à les réaliser dans la pratique.

Elevé plus tard à l'ordre de Diacre, toute son application fut de mener de plus en plus une conduite digne du nom qu'il portait, et du caractère sacré dont il était revêtu.

Le Seigneur, de son côté, lui ménagea un moyen d'avancement dans la vertu, en lui procurant la société de saint Amé, évêque de Sens. Voici comme la chose arriva : ce saint avait été élevé, malgré lui, sur le siége épiscopal de Sens. Cinq ans après, calomnié par des envieux auprès du roi, qui était alors Thierry III, il fut relégué d'abord à Péronne, dans un monastère, sous la garde de saint Oultain, qui en était abbé. Après la mort du bienheureux Oultain, Thierry remit saint Amé entre les mains de saint Maurant, avec charge de le garder à son tour. Saint Maurant était alors devenu abbé d'un monastère appelé Breuil (1), qu'il venait de faire bàtir lui-même dans sa terre de Merville, dont il a été parlé plus haut. Il connut bientôt le riche trésor que le Ciel venait de lui confier en la personne de saint Amé; il le traita, non pas comme un banni, ni un prisonnier, mais comme un saint et un homme de Dieu; il se trouvait honoré de s'en faire le très-humble serviteur; et toute son application, à lui et à ses religieux, était d'étudier sa sainte vie comme un parfait miroir des plus excellentes vertus. Il voulut même qu'il fût supérieur de son monastère en sa place, et se soumit à sa direction comme le plus simple des religieux. Après sa mort, en 690, il le fit ensevelir avec beaucoup d'honneur et garda ses précieuses dépouilles dans son monastère de Breuil, jusqu'à ce que, trois ans après, il les fit transporter dans une nouvelle église, qu'il avait bâtie en l'honneur de la sainte Vierge.

Saint Maurant reprit alors la direction de son monastère, qu'il avait été si heureux d'abord de céder à saint Amé. On ne peut dire avec quelle application il travailla, jusqu'à son dernier soupir, à se sanctifier lui-même, et à sanctifier aussi les

1) Broylum.

religieux, qui étaient venus se ranger sous sa conduite. On vit fleurir, au monastère de Breuil, dans
toute la perfection évangélique, toutes les vertus
qui honorent les plus saintes communautés, l'esprit de retraite, de recueillement, de silence et de
prière, une humilité profonde, une mortification
universelle, une douceur inaltérable, une patience
invincible, un détachement admirable de toutes les
choses d'ici-bas, un saint zèle pour les plus austères pratiques de la pénitence, pour les jeûnes,
les veilles, les cilices, etc.

Saint Maurant gouvernait en même temps l'abbaye de Marchiennes depuis la mort de sainte Rictrude, sa mère, arrivée deux ans avant celle de
saint Amé en 688. Il n'avait pu refuser cette consolation à sa sainte mère, qui l'en avait prié avant
de rendre le dernier soupir. Il dirigea donc l'abbaye de Marchiennes tant qu'il vécut, c'est-à-dire
durant l'espace d'environ quatorze ans. Nous n'avons aucun détail sur ces dernières années de sa
vie.

Enfin le moment était arrivé où Dieu devait couronner dans le ciel une vie si pleine de vertus et de
mérites. Saint Maurant était venu visiter l'abbaye de
Marchiennes dont il s'était chargé, comme nous
venons de le dire, à la prière de sa mère expirante.
Cette visite n'eut lieu sans doute que par un dessein
particulier de la divine Providence. Dieu voulait que
des cœurs, que les liens de la charité, bien plus
encore que ceux du sang, avaient si étroitement
unis pendant la vie, ne fussent pas séparés même
après la mort, et qu'ils reposassent en paix au même
endroit. Il permit donc que, surpris tout à coup par
la maladie dont il devait mourir dans l'abbaye de
Marchiennes, saint Maurant, après avoir rempli une
dernière fois les pieux devoirs de son saint mi

nistère et reçu les consolations de la religion,
s'y endormit du sommeil des justes dans les bras
du Seigneur, à côté de sa sainte mère et de ses
trois bienheureuses sœurs. Sa mort arriva le 5 mai
de l'an 702, dans la soixante-huitième année de
son âge ; selon d'autres, le 5 mai 706, dans sa
soixante-douzième année.

Son corps demeura longtemps dans l'église de
Marchiennes, où il avait été inhumé d'abord. On
lit dans les *Chroniques de Marchiennes* qu'il fut
déposé dans l'église, du côté de l'orient, près d'un
puits qu'il avait fait creuser pour le service de
l'autel, et qui porte encore aujourd'hui son nom (¹).

Il en fut exhumé depuis, on ne sait bien à quelle
occasion, et la plus grande partie de ses ossements
furent transportés à Douai. Là se trouvait aussi,
depuis le ixe siècle, ceux de saint Amé (²). On les
y avait apportés du monastère de Breuil, pour les
soustraire aux ravages des Normands. Ainsi repo-
sèrent ensemble, quelque temps après leur mort,
dans une même église, les restes vénérés de ces
deux grands saints, qui, pendant leur vie, avaient
été liés d'une amitié si étroite et si pure.

L'église où ils reposent porte le nom de saint
Amé (⁵), et cependant c'est saint Maurant, que la
ville de Douai reconnaît pour son patron ; saint
Amé ne l'étant proprement que de l'église et du

(1) Boll., 5 mai, p. 54.

(2) Voir Boll., 12 mai, p. 106).

(3) L'église de Saint-Amé où les précieux restes de saint
Morant furent conservés jusqu'en 93, dans une chapelle de cette
grande, riche et magnifique collégiale, est aujourd'hui détruite
et il n'en reste plus aucun vestige (Lettre de M. l'abbé Brunet).

Chapitre ([1]). On voit, dans cette église, une grande et magnifique chapelle, avec un autel dédié sous le triple vocable de saint Maurant, de sa mère, sainte Rictrude, et de son bienheureux père, Adalbaud, que l'on y qualifie du titre de saint. On y voit également leurs trois statues. Celle de saint Maurant est au milieu; elle porte un vêtement de distinction en forme de manteau royal, fleurdelisé, de la main droite un sceptre, et de la gauche un édifice surmonté d'un clocher ([2]).

L'abbaye de Saint-Ghislin, en Hainaut, se vante aussi de posséder le crâne de saint Maurant dans une belle tête de vermeil, et la moitié d'un de ses bras dans un autre reliquaire.

On raconte plusieurs miracles opérés depuis sa mort. Le premier se trouve dans la vie de sainte Rictrude, écrite vers la fin du XIIe siècle par un religieux anonyme de l'abbaye de Marchiennes ([3]). Nous avons dit que les reliques de saint Maurant avaient été transportées plus tard à Douai. En conséquence de cette translation, et avec le consentement du clergé et du peuple de la ville, il avait été statué que, tous les ans, le 5 mai, on célébrerait la fête de saint Maurant avec grande solennité. Elle devait être annoncée publiquement dans toutes les églises, le dimanche qui précède; toute œuvre servile était interdite ce jour-là et chacun s'empressait d'assister aux saints offices avec grande

---

(1) Témoignage de Baillet, année 1739 et des Boll., 5 mai, p. 53).

(2) De ces trois statues, il ne reste plus aujourd'hui que celle de saint Maurant (Lettre de M. l'abbé Brunet).

(3) Boll., 12 mai, p. 106).

dévotion, ainsi que cela se voit encore aujourd'hui, ajoute l'historien. Mais on alla plus loin encore. Par vénération pour ce grand saint, on en vint, une année, jusqu'à interdire le travail, dès la veille de sa fête, à compter de trois heures de l'après-midi. Or, il arriva qu'un cordonnier s'obstina de rester à son travail après l'heure prescrite, sans respect pour le saint, sans égard même pour les remontrances que lui faisaient de charitables voisins. « Comment donc ! lui disaient-ils et quelle témérité ! Ne voyez-vous pas que c'est Dieu même que vous méprisez en méprisant ses saints et en désobéissant aux commandements de l'Eglise, notre mère ? Avez-vous donc oublié que le Seigneur a dit : *Ceux qui vous écoutent, c'est moi qu'ils écoutent, et ceux qui vous méprisent, c'est moi qu'ils méprisent.* Or, vous savez très-bien que cette fête est d'usage et d'obligation chaque année. Et vous, esclave de l'avarice et d'un vil intérêt, vous ne craignez pas de transgresser le précepte du Seigneur. » A quoi ce malheureux prévaricateur répondait (ce que d'ailleurs l'on répond si souvent encore aujourd'hui) : « Eh ! les prêtres nous imposent tout ce qu'ils veulent, au gré de leurs caprices. Et qu'est-ce donc que Maurant, qu'est-ce que Rictrude, sa mère ? des hommes comme nous, rien de plus. Ils étaient nés dans la richesse, voilà tout ; mais ils n'étaient pas d'une autre nature que nous ; et, à la mort, ils sont allés rejoindre leurs pères tout comme les autres. Je ne les honore ni ne les crains; ils ne peuvent rien ni pour ni contre moi; ils sont bien morts. »

A peine avait-il achevé ces blasphèmes, continue l'historien, que, se remettant de nouveau à son ouvrage, tout à coup, je ne sais comment, le tranchant, qu'il tenait d'une main, va transpercer l'autre

comme s'il eût voulu découper un morceau de cuir.
Il n'en put jamais être pleinement guéri et demeura
estropié tout le reste de sa vie, en sorte que, ne
pouvant plus travailler, il se vit peu à peu, de riche
qu'il était d'abord, réduit à l'indigence, accablé de
dettes, et contraint, pour échapper à ses créanciers,
de s'enfuir secrètement du pays, n'ayant plus rien.

Ses voisins ne manquèrent pas alors de se rappeler les blasphèmes qu'ils lui avaient entendu
proférer, et de voir dans son malheur un juste châ-
timent de son impiété. On le sut bientôt dans toute
la ville, et la dévotion pour le culte des saints reprit, dès ce moment, une nouvelle ferveur.

Dans un autre *Recueil de la vie et des miracles
de sainte Rictrude*, composé par un autre religieux,
nommé Vualbert ou Gualbert, et qui se trouve
également parmi les manuscrits de Marchiennes (¹),
il est parlé d'un puits, dont nous avons dit un mot
plus haut, appelé puits de Saint-Maurant, que lui-
même, par respect, avait fait creuser pour qu'il
pût servir exclusivement à laver et à purifier les
vases sacrés et les linges de l'autel ; on ajoute que
l'on y voyait venir un grand nombre de malades,
attaqués d'écrouelles ou de scrofules, et que con-
tinuellement ils éprouvaient, par la vertu de
N.-S.-J.-C., combien était puissante l'intercession
de sainte Rictrude et de son bienheureux fils saint
Maurant ; car après avoir bu de cette eau salutaire,
s'en être lavé le visage et le corps, ils s'en retour-
naient parfaitement guéris et pour toujours.

Jean Buzelin, jésuite, dans son *Histoire de la
Belgique*, imprimée à Douai, partie sous le titre
de *Annales Gallo-Flandriæ*, en 1624, et partie

____

(1) Boll. ibid., p. 133.

sous le titre de *Gallo-Flandria sacra et profana*, en 1625, a recueilli beaucoup de choses sur saint Maurant. Il raconte, entre autres, comme l'ayant tiré d'un livre précieux (1) appartenant à l'église de Saint-Amé de Douai, que, lors d'une translation des ossements de saint Maurant dans une nouvelle châsse, translation faite à Douai, en l'année 1139, par Alvis, évêque d'Arras, en présence de plusieurs personnages importants et entre autres de Goswin, abbé du monastère d'Anchin, dans le Hainaut, et archimandrite de la Chaise-Dieu, en Auvergne, il parut une sorte de prodige, qui contribua singulièrement et à faire éclater de nouveau la gloire de saint Maurant, et à justifier les honneurs que la piété des fidèles s'empressent de lui rendre. On vit, et tout le monde en fut témoin, un cercle tout à fait extraordinaire, nuancé de diverses couleurs, environner en forme de couronne tous ceux qui maniaient alors les sacrés ossements, et cela jusqu'à ce qu'ils eussent achevé de les déposer dans la nouvelle châsse.

Je terminerai le récit de ces quelques miracles par un fait beaucoup plus récent et non moins signalé peut-être.

C'était en 1556 (2), la veille des Rois, pendant la nuit. Gaspard de Coligny, grand-amiral de France, assiégeait la ville de Douai. Il voulut profiter de la circonstance; et sachant que, pendant cette nuit, le peuple de Flandre avait coutume de célébrer les Rois par des festins, il espéra les surprendre à la faveur de l'ivresse et du sommeil qui en est la suite; il fit donc donner l'assaut. Mais

(1) Ex libro argenteo.
(2) Voir les Boll., 5 mai, p. 54.

saint Maurant veillait à la sûreté de la ville. Il apparaît en songe au gardien de l'église de Saint-Amé, où nous avons dit que reposaient ses précieuses reliques ; il lui ordonne par trois fois de sonner matines. Le gardien ne reconnaissant point saint Maurant, s'y refuse d'abord, alléguant qu'il n'était pas encore l'heure ; mais, forcé enfin, il le fait et voilà qu'au lieu des coups de matines, c'est le tocsin d'alarme qui retentit. Dans toute la ville, on s'éveille, on court aux armes, on vole aux remparts ; mais quelle ne fut pas la surprise des assiégés, lorsqu'ils virent de leurs propres yeux le saint lui-même, allant çà et là sur la muraille, tel que sa statue nous le représente, avec son vêtement tout étincelant de pierreries et parsemé de lis d'òr, et le sceptre royal en la main droite. On ne douta point que ce ne fût lui qui avait défendu la ville, en attendant que les habitants fussent éveillés. Le peuple et le sénat de Douai en furent si persuadés, que, par reconnaissance, on institua une procession annuelle dans laquelle on porte solennellement les reliques vénérées du saint ; ce sont les chanoines eux-mêmes qui ont cet honneur, et il s'y fait un immense concours de peuple.

Le bruit de ce prodige se répandit jusque dans les pays étrangers, car on le trouve mentionné dans un calendrier des Bénédictins édité à Màcon l'an 1622.

Arnold Wion, qui nous a transmis la mémoire de cette délivrance miraculeuse, ajoute, dans une note marginale, que son propre père, Aimé Wion, alors procureur-général de la ville, était arrivé le premier de tous en armes sur la muraille, et qu'il y avait été témoin lui-même de cette scène miraculeuse.

Jean Buzelin, que nous avons déjà cité, au deuxième livre de ses *Annales*, rapporte ce même fait et à peu près dans les mêmes termes, sous la date de 1557. Un trait si éclatant pourra rencontrer des incrédules. L'auteur que nous venons de citer raconte que, déjà de son temps, quelques-uns cherchaient à lui donner une explication naturelle. A les entendre, le sénat aurait reçu avis du péril par quelques paysans entrés la veille au soir dans la ville ; sur cet avis, les postes des remparts auraient été doublés, et enfin, au signal donné par la sentinelle du haut de la tour prétorienne, on aurait prévenu à temps le succès des embûches. Mais telle n'est point la croyance commune, ajoute Jean Buzelin, et tous les autres, avec plus de raison, attribuent cette délivrance à la seule protection de saint Maurant. Nous disons à notre tour : pourquoi donc n'aimerions-nous pas à y croire nous-mêmes ? Un miracle doit-il tant coûter à la toute-puissance de Dieu ? elle est infinie ; à sa bonté pour les hommes ? elle est sans bornes ; à son amour pour les saints eux-mêmes ? il se fait un plaisir de faire éclater leur gloire aux yeux d'un monde dédaigneux et incrédule.

Je ne puis mieux finir cette vie de saint Maurant qu'en rapportant ici la courte prière, par laquelle se termine un abrégé de sa vie, qui se trouve dans de très-vieux manuscrits de l'église Saint-Amé de Douai : *Obsecramus te, Sanctissime levita Christi, Mauronte, qui veluti micans coram Deo lucerna rutilas ; tuis sanctissimis, nobis subvenias flagitationibus, quatenus indultâ veniâ flagitiorum, mereamur Christi adipisci consortium, qui vivit cum Genitore æterno, Spirituque almo, per immortalia sæculorum sæcula. Amen.*

O bienheureux lévite de Jésus-Christ, saint Maurant, ô vous qui resplendissez au ciel en la présence de Dieu comme une brillante lumière, daignez, nous vous en supplions, nous secourir de vos saintes prières, afin qu'après avoir obtenu le pardon de nos fautes, nous méritions d'être éternellement en la société bienheureuse de Jésus-Christ, qui vit et règne à jamais, avec le Père et le Saint-Esprit, dans les siècles des siècles. Ainsi soit-il.

Note.

Deux paroisses du diocèse de Soissons, Margival et Levergies honorent saint Maurant d'un culte particulier.

I. MARGIVAL.

C'est un petit village au nord-est de Soissons (Aisne), à dix kilomètres de cette ville, au fond d'une petite vallée. Si l'on se demande d'où vient que l'église et la paroisse de Margival se trouvent sous le patronage de saint Maurant, et ce qui a pu donner lieu de choisir parmi tant d'autres saints, plus connus du pays, un saint qui paraît l'être beaucoup moins ? Nous pourrions répondre d'abord que, quoique assez peu connu aujourd'hui, saint Maurant a pu l'être beaucoup plus autrefois. Nous pourrions répondre encore qu'il paraît, par l'histoire, que les reliques de saint Amé ayant été apportées d'abord de Breuil à Douai, comme nous l'avons vu, pour les sauver de la fureur des Normands, on ne les y crut pas encore assez en sûreté, et qu'on les apporta ensuite de Douai à Soissons qui était une ville beaucoup plus forte. Or, qui sait si on n'y apporta pas en même temps celles de saint Maurant... Ce qui est certain, c'est que la présence de saint Amé dut réveiller naturellement dans Soissons et aux alentours la pensée et la vénération du saint abbé qui lui avait donné un si gracieux asile dans son monastère, et avec lequel il avait eu des rapports si intimes et si dignes de l'un et de l'autre.

Mais voici une réponse beaucoup plus vraisemblable et qui nous peut aisément dispenser de toute autre explication. Il est raconté dans le *Recueil des miracles de sainte Rictrude*, par le religieux anonyme que nous avons déjà cité plus haut (¹) que, près de Soissons, la bienheureuse vierge Eusébie, sœur de saint Maurant, possédait avec sa mère, sainte Rictrude, une terre nommée Vregny (²); que cette terre lui avait été donnée par Dagobert, roi de France, et par la reine Nanthilde, son épouse, parce que tous deux l'avaient tenue sur les fonts de baptême en qualité de parrain et de marraine; que, plus tard, sainte Eusébie ayant pris le voile, à l'exemple de sa mère, dans l'abbaye de Marchiennes, elle avait donné à perpétuité, à l'église de cette abbaye, la terre de Vregny avec toutes ses dépendances; et que c'est pour cela que, chaque année, le village de Vregny envoie à l'abbaye de Marchiennes une certaine quantité de vin, tant pour le service de l'autel que pour les infirmes et les hôtes. Et, en effet, nous trouvons dans l'*État du diocèse de Soissons*, imprimé en 1783, que, alors encore, il y avait dans cette paroisse une maison appartenant à l'abbaye de Marchiennes, et que le seigneur censier était l'abbé de Marchiennes. Aujourd'hui même, cette maison existe encore et l'on voit, sur le terroir de Vregny, un lieu dit la Couture de Marchiennes (³). En faut-il davantage pour expliquer l'origine de la dévotion,

(1) Voir Boll., 12 mai, p. 146.
(2) Vergniacum, Vreniacum.
(3) Cultura Marchiana.

qui fit dédier l'église de Margival sous le titre de saint Maurant et placer toute la paroisse sous son puissant patronage ; surtout, si l'on considère que les deux terroirs se touchent, et que la terre de Vregny pouvait alors s'étendre jusqu'à Margival et l'embrasser dans ses dépendances. Nous irions volontiers plus loin et nous dirions que c'est même de là que le village a pris son nom de Margival ; soit qu'on le tire du nom de saint Maurant lui-même, *Mauronti vallis*, c'est-à-dire vallée de saint Morant : soit plus probablement du nom de l'abbaye où vivaient sa mère et sa sœur, et qu'il gouverna lui-même quelque temps, *Marchiana* ou *Marciana vallis*, vallée de Marchiennes. Nous en laissons le jugement à de plus habiles que nous ; mais il n'y a pas loin, ce nous semble, de Marchienneval à Marchival, puis à Margival. Le Propre Soissonnais, en 1852, dans la légende de Matines, a adopté cette étymologie.

Mais pourquoi, à quelque distance de Margival, la fontaine de saint Maurant ? pourquoi l'usage de la procession qui s'y fait le jour de sa fête ? pourquoi la coutume d'y venir en pèlerinage et d'y prier spécialement pour les petits enfants ?

On pourrait répondre, que la terre de Vregny ayant appartenu à sainte Eusébie et à sainte Rictrude, il a pu très-bien se faire que saint Maurant, dans un de ses voyages à Vregny, soit venu à Margival, qu'il se soit arrêté près de cette fontaine, ait bu même de son eau, et que la tradition, depuis, en ait conservé le pieux souvenir jusqu'à nos jours.

Mais nous aimons mieux dire que cette fontaine est destinée simplement à rappeler le puits que saint Maurant avait fait creuser lui-même, près de l'église de l'abbaye de Marchiennes, pour le service de l'autel, et près duquel il fut inhumé d'abord, ainsi qu'il a été dit plus haut.

Alors s'explique aisément l'usage de la procession annuelle et du pèlerinage : car nous avons vu la vénération des peuples pour le puits de Saint-Morant et les miracles qui s'y opéraient.

Pourquoi y prier spécialement pour les petits enfants ? Nous verrions volontiers la raison dans la manière merveilleuse dont fut sauvé saint Maurant, encore petit enfant, lorsqu'il courut un si grand danger entre les mains de saint Riquier. On a pensé que, dans le ciel, il s'intéresserait, à son tour, d'une manière toute spéciale à tous les dangers que peut courir cet âge.

II. LEVERGIES (¹)

« Levergies est un village de 1200 habitants, situé à deux lieues nord de Saint-Quentin, à peu près en ligne droite de cette dernière ville à Marchiennes. C'est un lieu de pèlerinage à Saint-Maurant.

» A un kilomètre du village, s'élevait, avant la Révolution, une statue de plus de six pieds représentant saint Maurant, élevée sur un piédestal en pierres. Cette statue, par sa position, dominait tous les environs. A l'entour, la piété de nos pères avait planté quatre ormes, pour donner ombrage aux pèlerins qui venaient en grand nombre des environs, souvent même des pays lointains. Tout fut détruit en 93. Il ne reste plus aujourd'hui que quelques pierres éparses. Un débris de la statue, que l'on replaçait sur une pierre, se conserva longtemps ; mais les outrages que l'impiété ou

(1) Lettre de M. l'abbé Julliart, curé de Levergies (1860.)

l'hérésie lui ont fait souffrir depuis, à mille reprises, l'ont rendu aujourd'hui méconnaissable. L'appât du gain y fut aussi souvent pour quelque chose : car les pèlerins déposaient parfois leur pieuse offrande sous ces débris, qui leur rappelaient la douce pensée du saint, et, pour recueillir l'offrande qui était souvent le droit du premier venu, la statue devait en souffrir, surtout quand elle avait affaire à quelque main ennemie ou sans religion ; elle était alors renversée sans pitié. La tête, grossièrement travaillée que l'on y voit maintenant, est l'œuvre toute récente de quelque ciseau rustique ; mais n'a d'autre mérite que d'appeler une autre statue plus conforme à l'art et qui puisse être bénie par l'Eglise.

» Quant à l'origine du pèlerinage, en vain on interroge les traditions et les anciens ; on se perd dans la nuit des temps sans rien découvrir. Peut-être le devons-nous à quelque faveur particulière, en reconnaissance de laquelle une chapelle aurait été élevée en son honneur par un habitant du pays ; quoi qu'il en soit, nous espérons que les enfants ne le céderont pas à leurs pères en respect et en dévotion pour leur glorieux et puissant protecteur, et que leurs mains dévouées se hâteront bientôt de relever des ruines, au pied desquelles leurs pères ont prié avec tant de foi et puisé si souvent les consolations chrétiennes.

» Malgré le triste état des lieux, le pèlerinage s'y continue toujours. Les habitants du pays aiment à le faire la nuit ou avant le lever du soleil. On ne peut en donner la raison. Les pèlerins étrangers y sont encore assez nombreux et quelquefois on les y rencontre par petites caravanes.

» Comme à Douai et à Margival, c'est surtout pour les enfants que saint Maurant est invoqué à

Levergies. Les jeunes gens du pays l'invoquent aussi pour être exemptés de la milice, et d'autres pour d'autres faveurs; trop peu peut-être pour leur salut.

» Un nouveau motif de dévotion attirera désormais les pieux pèlerins à Saint-Maurant : l'église de Levergies vient de s'enrichir avec reconnaissance d'une relique du saint, petite, il est vrai, mais néanmoins chère et précieuse. Cette sainte relique nous est venue de Douai même, par l'évêché de Soissons. »

CONCLUSION PRATIQUE.

Nous sommes tous appelés de Dieu à être saints : c'est pour nous une nécessité absolue, indispensable; mais pour être saint, il n'est pas nécessaire de faire des miracles, ni de pousser les vertus jusqu'à l'héroïsme. Il suffit de bien dire toujours, à l'exemple de saint Maurant : *Dieu avant tout ! mon âme avant tout !* Craignez Dieu, dit le Sage, et observez ses commandements, c'est là tout l'homme. Aimez Dieu de tout votre cœur, dit le divin Maître, et votre prochain comme vous-même pour l'amour de Dieu : voilà, en deux mots, toute la loi et tous les prophètes. Voilà toute la sainteté et la perfection chrétienne. Faites-le donc et vous vivrez éternellement.

FIN.